Holger Troll

Was die Seele spricht

Gedichte

© 2019 Holger Troll

Verlag & Druck: tredition GmbH, Halenreie 40-44

22359 Hamburg

ISBN
Paperback   978-3-7482-5828-5
Hardcover   978-3-7482-5829-2
e-Book   978-3-7482-5830-8

Sucht

Stumme Marter
bei zehrendem Licht
stirbt die Zeit
bleischwer
im Kampf der
Worte
verändern
nur die Ordnung
auf dem Schreibtisch
randvoll
ist mir.

Begegnung

Es fließt wieder,
mein Blut,
in kristallinen Adern
brechen die Sedimente.

In der Strömung
deiner Wärme
treibe ich wieder,
wachse
sprosstief
in
deine Haut.

Verbotene Rast

Dein Blick
verfällt
im sanftem
Moos,
verbirgt die Röte
deiner Lippen,
nicht die Lust,
die leise schwingt im Sporenflug,
millionenfacher Erwartungen,
die von deiner Haut
rinnen.

Betäubung

Nachts gehe ich durch
gelbe Felder,
den roten Mohn suchen.
Bittersüß,
verkapselte Hoffnung
rinnt lebenssatt
über welke Haut.
Im Blütenmeerstaub
wälzt die Seele.

Komm Fremde
nimm meine Hand,
sing mir alte Lieder.
Nachts gehe ich durch
gelbe Felder.

Zeitgleich

So,
wie du ihm,
deinen Leib gabst
und
seinen Worten lauschtest,
so
drang mein Herzblut,
stoßweise
aus
der gerissenen Ader
und überschwemmte
meine Seele.

Zweisamkeit

Sie
ist neunundachtzig.
Er
ist einundneunzig.
Sie
war krank und starb gestern.

Heute, starb er.

Ein Herz und eine Seele.

Erster Frühnebel

Es tanzen die Elfen
verschlungen,
in dunstigen Schwaden,
schweben sie
über tautropfenschweres Gras
und verweben sich
mit dem Morgengrauen
zu verschleiertem Zauber.

Ach, könnte ich doch sein
in ihrer sanften Welt,
wenn auch nur einen Augenblick,
ihre Ewigkeit spüren.

Zeit

Die Nacht kommt wie ein Hubschrauber
im Landeanflug,
saugt Lichtluft
durch die Rotorblätter,
und zerhackt die vergangenen Stunden
in samtschwarzen
Sekundenregen.

Reigen

Es tanzen die Elfen
verschlungen im Nebel
schweben sie über
tautropfenschweres Gras.
Mit dem Morgengrauen
verweben sie mich
mit hoffnungsvollen Zauber.

Ach, könnte ich sie doch
nur einmal berühren.

Tagelöhner

Eine Nacht mit dir,
den Koitus zum Lohn,
in Aussicht
gestellt.
Die Abrechnung
verschoben,
Tag um Tag
Gefühl
umgangen,
wie Geschäftsleute, die Schulden
machen,
die Zinsen,
erst die Rechnung.

Streit

Deine Worte treffen
mich schwerer,
als jeder Schlag.
Ausgespien,
hocken sie,
wie Kröten
auf meiner Seele
und unken.

Dein Mund

Dein Mund ist eine Rose.
Für einen Kuss
muss ich bluten.

Neubausiedlung

Schattenspiel unserer Körper,
im Natriumdampflicht der Straßenlampen,
gefangen auf dem Grau der Mauern,
die uns am Tag die Sonne nehmen
und nachts die bunten Träume.

Die Stückchen Himmelvierecke,
engen unsere Seelen, spürbar
die Hoffnung, der letzten Hand
voll Erde und dem Gras,
das mühsam die Fugen sprengt.

Restloch

Die Seele ausgekohlt zurückgelassen,
in den Sümpfen
verloren
Hab und Gut
unter vertrauter Scholle untergegangen
für das tägliche Brot
geopfert.

Alles Aus
gehöhlt nun und verfüllt
mit dem Abraum
meiner Träume
vergraben
die letzte Hoffnung.

Vorfeld

Meine Erde,
wie ein borstiges Vieh,
auf den Rücken geworfen,
in Trossen gespannt
und das Fell geschoren.

Mit Haut und Haaren
vom Leib gerissen,
dass was ich liebte,
worauf wir noch gestern gingen,
wo mattgrünes Moos
dem Verdorren trotzte.

Wie schnödes Beiwerk abgeschlagen,
verrauchen die Skelette,
der blutenden Stümpfe,
zu letztem Brechreiz,
angeregt
übergebe ich mich.

In Hoffnung,
der Rekultivierung
auf synthetischer Haut.

Schlussstein

Von hoher Zunft emporgezogen
verschließt der Stein
gefangene Welt
und trägt als Mitte
das Gewölbe,
das nun erst strahlend
sich erfüllt.
Eingepresst,
kann keine Hand ihn ziehen,
er überdauert lange Zeit.

Lass mich für Dich
ein Schlussstein sein.

Neutrales

Der Kämpfende
oder
die Abwartenden,
der Blutende
oder
die Unversehrten,
die verschanzt
hinter ihren Alltäglichkeiten
abwarten,
ob doch der Andere
den Stein aufhebt
und gegen die Peiniger schleudert,
um dann
mit Hurra den Sieg zu feiern
oder
klammheimlich das Schlachtfeld
zu verlassen.

Wehmut

Herbst friert den ersten Tau bis Mittag.
Schwer entrollt er der letzten Blüte,
benetzt meine welke Hand,
die lechzend aufsaugt
das Weihwasser
des letzten Sommers.

In der Ahnung des Todes
getrost,
benetze ich mein Gesicht.

Station 7

Bemooster Backstein,
efeuüberwuchert,
rostbraun die Gitterstäbe.
Betäubender Geruch
von Lebensbaum und Karbol,
durchdringt jede Faser,
der hängt dir an,
ein Leben lang, wie die
Heiler, in den weißen Kitteln,
die mit all zu oft sterilisierten Nadeln
in dein allzu oft gestochenes Fleisch stechen,
bescheren die heile Welt
für Stunden
dumpf fixiert.
Bitter erwacht,
wieder,
Backstein, Moos, Efeu,
hier ist überall Efeu.

Rostbraun meine Handflächen.

Spurensuche

In den Wäldern meiner Kindheit
fand ich kein Moos.
Nichts, wo ich mich betten könnte.
Aufgebrochener Boden
zwischen toten Kiefern,
grünlos.
Die Wahrheiten noch verscharrt,
Zuviel Böses passiert
hier
gedeiht nichts mehr aus
dem Fruchtlosen
sprießt nur die Angst,
die noch immer,
unendlich tief
im Hirnboden steckt
und schwarze Blüten
treibt.

Ratschlag

Streiche dir den Tag aus der Stirn,
wie eine flüchtige Locke,
stecke die Sorgen in tiefe Falten
und vertrau auf die Nacht.

Für Janine

Du musst nicht sein wie Mama,
beileibe nicht wie ich,
du musst nicht werden,
wie die Anderen,
nur weil der Eine dies,
der Andere das vermag.

Du musst nur Sein.
Einfach Sein,
da sein.

Morgenstunde

Hat Gott mich auf die Stirn geküsst?
Mir ist so wunderbar,
die Schmerzen, die mir wehgetan,
sind heute nicht mehr da.
Das alte Herz schlägt neuen Takt,
die Beine gehen sich leicht.
Es scheint die Jugend kehrt zurück,
mit aller Macht,
ganz seicht.
Die Augen sehen wieder klar,
die Ohren weiten Schall.

Gott hat mich auf die Stirn geküsst,
dass ich nicht tiefer fall.

Ratio

Berühr mich Tod
auf karger Brust,
mach mich
frei von Lebenslust.
Der Schmerz,
der meine Seele teilt
ist viel zu groß,
als das er
jemals
heilt.

Mutter
(1919-2007)

Sie liebte das Heidekraut,
sie liebte den Wald,
wie einen heiligen Ort,
der ihr oft Nahrung bot
in der Not.
Sie liebte ihre Kinder.
Sie liebte den Sonnenschein,
das Gras und die Vögel.
Sie vertraute
jedem Tag
hoffnungsvoll,
ein Leben lang,
bis
Gott ihre Hände
faltete.

Vorahnung

Es kreisen die schwarzen Tauben.,
Mein Atem hängt schwer im Geäst.
Das Herz zerlumpt
Und entädert,
vertrocknet, wie morsches Holz.

Grünsatt die Augen gestillt,
verblassen im letzten Licht.

Koma

Lasst mich doch einfach nur sterben.
Sterben ist nicht immer der Tod.
Will nun endlich verderben
und bringen die Seele in Lot.

Will das Gras heute noch spüren,
von den Wiesen, die ich lange schon sah.
Lass mich vom Frühling verführen,
ein Ewiger, wenn ich jetzt geh.

Ich möchte nicht länger mehr bangen,
hilflos liege ich brach.
Ich hoffe ihr seht mein Verlangen,
schenkt mir das Leben danach.

Fürchtet euch nicht vor dem Abschied.
Lasst mich nun endlich los,
spart nicht mit Tränen die ich vermied,
lasst schwimmen darin mein Floss.

Will das Gras heute noch spüren,
schenkt mir das Leben danach.

Schenkt mir das Leben danach!

Im Spiegelkabinett

Mit gezählten Schritten
gehe ich
den Vorangegangenen nach
durch spiegelgewölbte Gassen.
Aufgedampfter Glanz verzerrt
mein Gesicht,
Ängste pressen
auf kaltem Glas
kühlt mir die Stirn.
Hier suchen viele
den Ausweg,
hier führt Keiner, Keinen durch
durch den Klamauk von Licht und Glas,
geblendet irrst du,
für fünfzig Cent, für einen Possen
Spiel von Komödianten
und hoffst da mal durchzukommen,
ohne an sichtlosen Barrieren
zu verbluten
oder dressiert zu kriechen,
um den Ausgang zu finden.

Regenzeit

Regen
befällt das Gras,
wie meine Haut,
brennt
kahl unsere Häute,
die wir teuer verkaufen,
für das Paradies
aus Schloten.

Unvermeidlich
eher stimmen
im Wettlauf
mit der Zeit
die Erfolge
uns sauer.

Oktober Neunzehnhundertneunundachtzig

Einen deutschen Aufschrei,
bekämpft man
mit deutschen Methoden.

Lebt
wohl
Kameraden!

Quelle

Du bist wie eine Quelle.
Eines Tages werde ich davorstehen und
verdursten,
weil ich verlernt habe daraus
zu trinken.

Monolog

Ich brühe mir zu viel Kaffee.
Die Blumen sind vertrocknet.
Bloß gut, dass ich die Schreibmaschine habe.
Der Kühlschrank ist auch leer.
Ich werde die Schlafstube umräumen.
Es ist verdammt ruhig geworden.
Ich muss große Wäsche machen.
Jeden Tag Tütensuppe schmeckt auch nicht.
Ich muss weniger rauchen.
Das Spielzeug hebe ich auf.
Ich lasse mir einen Bart wachsen.
Das Bild räume ich weg.
Was soll ich in die Wohnstube stellen?
Ich muss sparen.
Das alte Sofa würde erst mal ausreichen.
Ich werde mir Essenmarken kaufen.
Morgen gehe ich zum Kindergarten.
Ich schaue nur von weitem.

Minne

Deinen Leib
erkämpfen,
wie eine Festung
belagern,
mit meinen Zärtlichkeiten,
die scheitern,
Tag um Tag
an bewehrten Zinnen aus Worten,
nahtlos
gefügt,
wie deine Haut,
eine Mauer.

Herbstwanderung

Stumm
die Bäume,
Skelette,
reißen sich Grau
aus dem Himmel.
Schleiertanz feuchter Nebel
verweben mein Haar.
Tropfenschwer
meine Augen.

Irrlichter
aus der Stadt
züngeln.

Exekutive

Mensch
du
Normteil,
pass dich an!

Schneide die Haut dir
in Streifen,
quetsch dich durch
die Schablonen,
die immer enger werden
auf dem Weg
nach Oben.

Solange
du noch Schmerz spürst,
schaffst du es nie.

.

Menschen

Besuche Menschen unangemeldet,
dann weißt du,
wie sie wirklich sind.

Künstliche Intelligenz

Im Wabenkastell angeliefert,
die Sterbezeit erreicht.
Nun warten,
auf das endgültige
Verdorren,
auf Schmerzen,
unsäglich
Preis
gegeben
der Maschinerie
der Entsorgungsanlagen,
um lautlos,
geordnet
den Rückzug durch die Schlote anzutreten,
um als rußfreies Aerosol
aufzuschweben,
in den immer dunkler werdenden
Himmel.

Jugend

Wahrlich,
nur das Leben haben
und Nahrung für den Tag,
unsere harten Lager
im Fels
und Sonne,
Wind
und Regen
nass,
deine raue Haut
wieder spüren.

Heimweg

Silbergrau versinkt der Tag.
Am Horizont das Licht.
ein Streif,
verblasst
in meinen sattgetrunkenen Augen.

Aus zerfurchten Leibern
grünen
die frischen Maien.

Mauritius

Ich lag bei deiner Muschel,
ganz und zart,
dessen Tropfen salzig schmecken,
wie das Meer.

Die Sonne
auf deiner Haut
trocknete meine Sporen
in den hundertfachen Tod.

Nachtjagd

Tagschwer versorgt
mein Hirn taucht hinab,
hinter Lider verschlossen,
versunken zur Nacht.

Die Seele getroffen,
das Fleisch harpuniert,
die Bürde, schwer lastend,
zieht mich über Grund

Versunkenen,
im Gräberfeld von Atlantis,
warte ich
auf das Licht.

Familiengrab

Ich weiß,
woher der Efeu seine Wasser zieht.
Kraftvoll gebreitet auf
moosigen Sandstein,
zermürbt er,
die Gebeine meiner Toten.

Auf der Steinbank sitzend,
fliegen mir ihre Seelen zu
und nötigen mich
zu erneutem Herzschlag.

Abgase

Luft
säuerlich
verzieht den Mund
zur Maske,
faltet das Gesicht,
reich
vergraben der Ruß,
die Poren,
tief belegt
waschen wir unsere Hände
vergeblich
in Unschuld.

Baumklage

Gift-
voll mein Geäst
kahl
mir das Haupt
hängt
zu Füßen
die Krone,
grünlos,
zieht es mir den Leib hoch,
entrindet,
wie all die anderen,
bis unter kreischenden Sensen
unsere Leiber fallen.

Die Schande
zu beseitigen
mit Zucht
und Ordnung
Resistenter.

Neunzehnhundertneunundachtzig

Auf Purpurlippen
zerperlt letzter Glanz
klirrt
aus roten Gläsern
rollt süßbitter Tau
frisch der Schierling
für den letzten
Veitstanz.

Heile Nacht

Schlafen,
aufgebahrt
treiben
auf den großen Fluss.

Hinunterströmen
in dem schwarzen Schlund.
der verschluckt
meine Angst für Stunden
im Strudel,
wie ein Borkenschiffchen,
torkelt mein Hirn

Land unter
zerspringt nachtfarbenes
Glas.

Gender

Ich habe mir den Penis abgeschnitten.
Hoffnungstat für 37 Stunden.
Es ist ein grässliches Mal geblieben,
zerschründet mit der Zeit.
Geziert mit einem Absperrhahn,
bin ich im eigentlichem Sinne,
nie eine richtige Frau geworden.

Ich treffe mich mit Gleichverdrossenen
in sehr, sehr dunklen Stunden.
Dann bin ich schön.

Gelöbnis

Ich gebe
meine Seele,
mein Herz,
ich geb.

Nicht aber
mein Blut
soll tränken,
(gleich eines Mundschenken)
den Durst
derer,
die mich geschickt
ins
Feld der Ehre.

Reife.

Auch aus schlechten Trauben
keltert oft noch ein guter Wein,
gleichwohl aber die Prächtigsten
manchmal zu Essig vergären.

Erwartung

Um mein Herz hatte ich,
mit innerem Feuer, einen
eisernen Reif geschmiedet.
Der hielt mich zusammen.
bündelte das zerlumpte Herz,
presste die letzte Kraft zusammen
für die wenigen herbstlichen Tage.

Oh …, wie sehr erwarte ich
den kühlen
vollbringenden Schnee.

Der Schnitt

Weidwund,
am Waldrand.
Lichter von der Stadt.
Rotes Wild,
dass über das Feld hetzt.
Gelbe Augen,
umher
Dämonen
raunen,
Rinde an Rinde reibt.
Angstkalter Regen
mischt Tränen
mit warmem Blut.

Moos schmiegt mich sanft ein.

Einem guten Freund

Du gute Nacht, ich habe dich
liebgewonnen,
du wartest, wie gewohnt
an meinem Bett.
Ich kann dir
viel erzählen
vom heutigen Tag,
wie er begann
und Zeit um Zeit verrann.
Du hörst mir zu
bei allen meinen Klagen
und gibst im Schlaf
die Antwort und den Trost.

Verlässt mich mit dem Licht,
beladen mit den Sorgen
und hilfst mir
schmerzlos
in den neuen Tag.

Exegese

Unser Hirn,
äußerlich, eine aufgebrochene Walnuss,
gleiche Strukturen,
zwei Hirnhälften, ein Cortex, ein Stammhirn.
Das würde beweisen,
dass wir Menschen mit dem
Walnussbaum entstanden sind.

Aus gleicher Hand geformt.

Das Vorletzte

Ich kenne weder Zeit noch Stunde.
Oft gesagt, doch nie gelebt.
Jetzt, wo das Sterben zeitlich nahe
wird es schwer mit Leben zu befüllen,
weil das Leben
nicht mehr spürbar ist wie früher,
nicht parat in meiner Hand.

Einfach nicht mehr da sein für die anderen.
Wo bleiben meine Worte, gehen sie unter?
Wer singt nun meine Lieder?
Keiner braucht mehr meinen Rat
und die Hände,
die besagten,
ruhen für immer.

Fragment

Du bist wie ein Tautropfen,

schillernd
in der Sonne.

Ein Fluss,
bist du mir nie geworden.

Dirnenliebe

Du liegst wie eine Feder
auf meiner Haut,
sanftmütig
streifst du meine Seele
ganz tief
schließt du die alten Risse,
mit deiner Warmherzigkeit,
mit deinem Herzblut
schwemmst du den Schmerz
aus
meinem fiebrigen Herz,
heilst
die Deformationen
und
bringst mich
zur Ruh.

Krankheit

Die Nacht fällt,
wie schwarzer Schnee,
immer lichtloser
vernarbt das Hirn,
Schub für Schub
lähmt die Erkenntnis.
Still und langsam
bewegt ist das Leben,
untrüglich,
die Spuren im Liquor
und die weißen Flecke im Hirn.

Wahrnehmung

Verschollen die Gefühle,
wie unter Treibsand,
der sich mit jedem Sturm
auf uns legte,
erdrücken wir einander,
unter der Last,
eines jeden Körnchens
Wahrheit.
Vergeblich
vor uns hergetragen,
füllt es Leid
voll
die Wüste in uns.

An jemand wie du

Ich wollte dir ein Bruder sein
und wollte dich sorgsam hüten.
Ich wollte sein, die offene Tür,
durch die du kannst dich retten,
Ich wollte dich streicheln,
ohne zu berühren
und Wärme geben, wenn du frierst.

Ich wollte dich küssen,
ohne das du mich bemerkst.
Ich wollte dein Schatten
in der Sonne sein
und nachts dein Himmelszelt.
Du solltest meinen Arm
auf deiner Schulter spüren,
ich wollte alle deine Schmerzen tragen.

Ich wollte dir ein Bruder sein,
mehr dürfte ich nicht wagen.

Evolution

Das Böse ist menschlich.
Ein Zwischenstand der Entwicklung.
Vom Raubtier zum Homo Sapiens,
das Skelett ausgereift,
wird es nun Zeit
für das Hirn
und letztlich
zum Guten.

Erwachen

Rostige Wetterfahne,
der alten Kirche,
schneidet den glutroten Ball.

Wie Eidotter quillt
gleißendes Licht,
rinnt über die Backsteinziegel,
kriecht wohlig über meine Haut.

Sprengt die Kruste,
der Angst
vor dem Morgen,
der lichtstark in mich dringt.

Erdbestattung

Einmal werde ich sein,
in einem Flöz.
Verschüttet in
Sand und Mergel gepresst,
eine schwarzgraue
Verunreinigung im Schnee
weißem Marmor.
Irgendein Sediment,
eine Störung des Gefüges,
(zum Leidwesen eines Steinmetz)
also war ich.

Ablagerung

Du bist mir
eine Wurzel.
Todmüde,
treibt schmales Grün.
Verborgener Karst
bricht.
Herz unter
Geröll.

Brandsalbe

Wenn man für den Anderen immer gleich
durch das Feuer gehen wollte, dann wäre Brandsalbe,
eine Ware des täglichen Bedarfes.

Tomographie

Ich gehe,
wie durch ein Mohnfeld,
betäubend schwer
mein Sinn
wiegt sich
im rauschenden Meer
bitteren Taus
frisch gefallener Blüten.

Das Einfache

Glutrot liegt die Sonne
in der Ebene,
schwach flirrt der Staub
des letzten Weizendrusches
durch das Dorf.
Er legt sich auf die Gesichter
der Menschen,
die in den Lauben
vor ihren Häusern sitzen.
Schweigend beladen
mit Zufriedenheit.

Morgen ist Sonntag.

Nachruf 89

Netz, fein geädert
das Fensterglas,
nach dem Einschuss,
quarzfein der Staub,
zwischen meinen Fingern.

Dein Körper,
ist noch warm,
so wie du daliegst,
scheinst du noch
zu atmen
aus
dem Schädelrücken
sickert Blut,
die Spur am Mundwinkel
verkrustet auf den Lippen
das letzte
stumme
Aber.

Für Armin

Die Feder gebrochen,
deine Unruhe steht still.
Die Rädchen abgelaufen,
verzahnen nicht mehr
die gespannte Kraft
treibt taktlos,
die letzten Drehungen
hinter Glas.

Bürde

Apfelblütenblätterschnee bedeckt
das noch spärlich wachsende Gras
durchstreift meine müden Füße,
verwirbelt weiß rosa Laub.

Im blassen Lichtschein erwachen
meine Kindheitstage,
die tanzen mir vor Augen,
weinen und lachen,
suchen und fragen,
lassen mich frösteln.

Verschleiert verfangen sich
meine Erinnerungen
in den noch fruchtlosen Zweigen
eines neuen Frühlings.

Die Bitte

Lebe mit mir Leib in Leib,
wie ein heißer Hauch.
Dring vom Zeh bis in mein Hirn,
breche die Seele auf.

Schwimme, wie ein Fisch durch meine Adern,
treibe mitten durch mein Herz,
sei in mir, in jeder Faser,
bring dich ganz nahe ohne Schmerz.

Komm, bezwinge meine Sinne,
hol mich ab zum großen Flug,
lass uns beide taumelnd schweben
zwischen Wahrheit und Betrug.

Bleibe mir in den Gedanken,
vergrab dich fest in meinem Hirn,
lass mich lächeln still und reich,
sei mein Auge, sei mein Fleisch.

Im Schlaf beherrsche meine Träume,
lege dich dann neben mich,
bringe deinen Mund auf meine Lippen
und dann ...Geh!
Mach mir es leicht und bleib ein Hauch.

Aufgabe

Ich stehe hier.
Ich soll wie ein Fels sein.

Ich soll die Wellen brechen.

Ich werde abgetragen.
Ich werde kleiner.
Ich werde brüchig.

Ich werde glauben,
hier für immer zu stehen.

Bevor du gehst …

Schlaf mit mir
und hier so
fort lass uns
stillen unsere Angst.
Lass sie
fliegen unsere Leiber,
lass sie
finden sich
taumelnd im Flug,
wie Vögel,
die noch nicht
ganz tot sind.
Lass uns
unsere zerschlissenen Federkleider
zusammenpressen,
das letzte Mal,
bedecken wir
die gerupfte Haut
mit unseren Zärtlichkeiten.

Blick aus dem Fenster

Dunkles Grün trifft blauen Himmel.
Äpfel hängen wie Trauben gleich,
wiegen im Wind
ein Lied aus alter Zeit.
Schön war der Tag,
der sich jetzt ehrfurchtsvoll
verneigt.
Ein Sandkorn
der gestundeten Zeit.

Sex

ist wie ein Glas Sekt,
trinkt man gleich,
entgeht keine einzige der leuchtenden Perlen.
Je länger man ihn stehen lässt,
umso mehr vermisst man
den prickelnden und berauschenden Geschmack.

Suizid

Tonnenscharf,
sirrendes Eisen.

Blutroter Schotter.

Im verrußten Gleis
bett
weiß
mein Fliederzweig.

Der Tunnel

Sterben soll sein,
die letzte Sekunde im Leben.
Platz zu nehmen
auf dem Karussell
unvergessener
Bilder
Wahn
sinnige Kraft trennt
die Seele
vom kranken Fleisch.
Und treibt uns
durch den schwarzen Strudel
dem grellen Licht entgegen.

Soll sein,
dass wir doch im Himmel
GOTT
zu Füßen sitzen.

Addition

Wahrnehmungen
schweigend registriert
im inneren Abakus
Wert um Wert
verrechnet,
zu einer Summe,
deren Realität
dich dann doch
eiskalt
erwischt.

Nacht

Komm Allmacht Schlaf,
raube mir den Verstand,
mach leer mein Hirn.
Reiße mich in die Tiefe.
Lass mich fallen
ins bodenlose,
geleite mich in Sicherheit.
Schwebe mich sorglos
in nicht endende Zeit.
Mach mich lautlos.
Schweige mich ins Licht.

Moment

Herzstille.
Ruhe der Urgewalten.
Nichts pulsiert,
nichts treibt
irgendetwas,
irgendwie an.
Die Zeit steht,
im rechten Augenblick
für mich
einfach
still.

Gebet

Komm Nacht, mach mich müd,
betäube meine Sinne,
schwärze meine Träume
für heute ein,
tauche mich in Finsternis
und heile mich
für den nächsten Tag.

Für Roland

Balance verloren,
aus
gependelt,
aus
balanciert.

Nie geglückt
der große Sprung,
die Wende nicht
gestanden,
ausgeblieben
der Dreifache.

Abgestürzt allein
nachts um drei,

am Seil.

Kalamität 1990

Erst begrüßt
und nun verleugnet.
Erst unfrei
und nun ohne Freiheiten.
Erst zu deutsch für das (nun untergegangene)
Vaterland
und nun nicht Deutsch genug
für Deutschland.

Kopfschmerz

Kopfschmerz ist Muskelkater
vom vielen Denken.

Abwägung

Alles im Lot,
im Gleichgewicht der Seele
Frieden hergestellt,
Zunge austariert,
Ruhe im Hirn,
schöpft er in Maßbechern,
streicht ab,
mit dem Handrücken,
was zu schwer
in die Waagschale fällt
und die Position verändert.

Entzug

Nachtangst,
Tagangst,
dein Leben,
Schluck um Schluck
vergeistert,
hundertprozentig
angereichert
dein Hirn.
Irgendwann
explodiert deine Seele.

...komm lass uns
jetzt gehen.

Burnout

Enttäuschungen
brennen
Mal um Mal.

Wie viele passen auf eine Kuhhaut?

Wie viele
auf eine Seele?

Autogenes Training

Ich stelle mir vor, ich wäre ein altes Haus,
gebaut aus Holz,
gegründet auf vier großen Feldsteinen,
gedeckt mit schwarzgrauem Dachschiefer.

Ich entspanne mich,
lasse die Arme kraftlos hängen,
spüre meine Beine nicht mehr,
der Brustkorb hebt sich nur unmerklich.
Mein Geist verfängt sich in der Vorstellung,
dass die Schiefertafeln Stück für Stück
vom Dach rutschen
und krachend am Boden aufschlagen.
Ich spüre die abnehmende Last
und immer schneller und schneller
fällt die Belastung von mir.

Die alten, morschen Balken
werden entblößt,
die Wände blecken die Staketen
in den Himmel,
bis die letzte Stütze bricht
und mich erlöst
in den Staub
fallen lässt.

Aus – weg

Abgegeben
im Alter (s)
Heim
verloren
die letzte Habe,
wie die Kinder,

(die schleichen,
wie die Katzen,
um den heißen Brei)

gehen
die Alten müde
den letzten Hügel hinauf.

Anstalt

Frost starrt,
blauem Glas gleich
unterm vollen Mond,
letztes Licht
vertrübt
im Wund Bett
verrinnen Schreie
in dem alten Backstein,
der vollgesogen, meine
Tränen ausfriert.

Schnee,
der achtlos auf Simsen liegt.

Morgen Rot 89

Einen Augenblick,
dachte ich
der Himmel brennt
und alle Glut
sengte mich.
Einen Augenblick
roch es nach
verbranntem Fleisch,
auf dem Hof
geblendet,
winseln die Hunde.

Animus 99

Mein Blut dünngemacht
wie Wasser,
damit das alte Schöpfwerk
sich noch dreht.
Das lebensalte Geröllvon
den Mauern gesprengt,
die alten Leitungen
aufgeweitet, bandagiert
und verstärkt, viel Glück
für das neue Jahrtausend.

Alzheimer

Die alten Mauern
blühen
rot
der Mohn
treibt
schwarze Blüten
aus
fadem Hirnwasser
friert
blauer Schnee.

Der Kuss

Ein Kuss ist die beste Möglichkeit,
einer Frau am Reden zu hindern.

Absage

Die Sonne reißt sich den Leib,
an silberner Sichel
verblutet
das Licht
tagschwer
wie mein Herz.

Am Horizont,
wartet die Nacht,
schweigend,
im Geäst
alter Bäume.

Ablandig

Die Ufer sind erreicht.
Das Land liegt kahl.
Jemand teilt vor mir
lautlos das Schilf.

Zwingend der Pfad.
Zweischneidiger Seggen
umschließt schmeichelnd.
Verflochten der Rückzug.

Spärliche Lichter
verweben die schwarzen Wasser,
in den Restlöchern,
mit den letzten Weisheiten
der Binsen.

Abschied

Der Reife, letzter Tropfen ist getrunken.
Die Felder liegen schwarz und leer.
Der Tag im Silbergrau versunken,
verdunkelt fern das Lichtermeer.

Ich lasse mich fallen in die Nacht,
die sanft wie schwarzes Moos
mich trägt, gehüllt in schweres Linnen,
treib ich lichtlos, ganz von Sinnen.

Endlich schmerzlos vor mich hin.
Schlaf, bleib bei mir, lasse nicht los,
betäub mein Herz empfindungslos.
Lass mich fliegen zu dir hin.

Komm, Nacht, du schwarzer Heiler,
bedecke mich mit Zeit
und lass mich endlos ruhen
in aller Ewigkeit.

Inhaltsverzeichnis

FSC
www.fsc.org
MIX
Papier | Fördert
gute Waldnutzung
FSC® C083411

Zeitfracht Medien GmbH
Ferdinand-Jühlke-Straße 7
99095 Erfurt, Deutschland
produktsicherheit@kolibri360.de